반갑습니다.
저는 당신의 '나의 1년' 작업을 도와드릴 라이프 코치 홍성향입니다.
먼저, 이렇게 이 책을 통해 당신과 만날 수 있음에 감사합니다.

『자문자답 나의 1년』은 1년에 한 번,
스스로 삶을 돌아볼 수 있도록 돕는
셀프 코칭 라이팅북입니다.
이 책과 함께 지난 1년을 돌아보고
다가올 1년에 대해서도 그려볼 수 있습니다.

지난 1년을 마주하게 된 지금 이 시간이,
어떻게 느껴지나요?
지나온 1년을 바라보는 진심의 깊이만큼
당신의 삶을 돌아보고 기억하고 마주할 수 있습니다.

이 책은 질문과 빈 여백으로 구성되어 있습니다.
질문을 읽고, 답을 쓰며 1년을 돌아볼 수 있게 돕습니다.
펜 끝을 따라 나올 당신의 이야기가 바로 이 책의 내용이 됩니다.
그래서 이 시간만큼은 그 이야기를 나눠줄 '당신'이 책의 주인공입니다.

지난 1년을 돌아보기 위해 『자문자답 나의 1년』을 펼친 당신에게 요청합니다.

먼저 자신만을 위한 시간을 비워두세요.
소중한 친구와 만날 약속은 무슨 일이 있어도 지키는 것처럼
당신과 만날 시간을 비워두고 꼭 지켜주세요.

그리고 가장 '나답다'고 생각하는 분위기를 만들어보세요.
가장 좋아하는 장소에서, 좋아하는 음악을 듣는 것도 좋아요.
그리고 여유를 줄 차 한 잔과 디저트가 있어도 좋겠어요.
그 무엇이든 일상에서 느껴온 긴장을 내려놓고,
자신과 즐거운 대화를 나눌 수 있게 해주세요.

저는 당신의 1년을 마주하는 이 시간이,
해야 하는 '일'처럼 느껴지지 않았으면 좋겠어요.
그저 자신과 마치 기분 좋은 '데이트'를 하는 시간 같기를 바라요.

자, 그럼 같이 시작해볼까요?

2025-2026

2025-2026

GOALS
_____
_____
_____
_____
_____
_____

TO DO
_____
_____
_____
_____
_____
_____

NOTES
_____
_____
_____
_____
_____
_____

indigo

우리의 삶은
언제나 마주하고 해석해주기를 기다리고 있어요.
삶은, 우리 자신이 해석하기 시작할 때
비로소 나다운 삶을 살아가는 지혜를 알려줍니다.

_____년 _____월 _____일의

나에게

'나의 1년'을 마주하는 시간을 선물합니다.

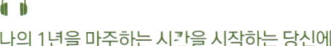

나의 1년을 마주하는 시간을 시작하는 당신에게

이 책의 사용법

이 책은 **'라이프 코칭 질문'**을 통해 당신 스스로 지난 1년의 중요한 순간들을 기억하고, 다가올 1년을 그려볼 수 있게 돕습니다.

- 책에서 안내하는 흐름에 꼭 따를 필요는 없습니다. **원하는 방식으로 자유롭게** 작성해보세요. 중요한 것은 당신이 1년을 돌아보기 위한 시간을 내고, 그 1년을 질문들과 함께 돌아보며 스스로 정리해보는 것 자체니까요.

- 책에는 총 4개의 **QR 코드**가 수록되어 있습니다. 이 책의 저자인 홍성향 라이프 코치의 부드러운 음성으로 1:1로 안내받는 것은 물론, 나 자신에게 조금 더 몰입하는 시간을 경험할 수 있습니다.

나의 1년을 마주하기 위한 준비 리스트

- ☑ 지난 1년을 돌아보게 도와줄 책 『**자문자답 나의 1년**』
- ☐ 쓸 때마다 기분이 좋아지는 **펜 한 자루**
- ☐ 오롯이 나 자신만을 위해 낸 **시간**
- ☐ 머무를 때 내가 나다워지는 **장소**
- ☐ (필요하다면) 내가 좋아하는 **음악**과 **차** 혹은 **디저트**

- ☐ 그리고 제일 중요한 것은 나 **자신**^{Self}

이 책의 구성

이 책의 사용법 · 9
나의 1년을 마주하기 위한 준비 리스트 · 10

[준비하기]	가볍게 나에게 말을 걸며 시작해볼까요?	13
[지난 1년]	나의 올해는 어땠나요?	19
[다가올 1년]	나의 내년은 어떤 모습이기를 바라나요?	75

에필로그: 단 한 번이라도 멈추어 자신의 삶을 알아가기를 · 96
[부록 Monthly Check] 나의 한 달 · 99

[준비하기]

가볍게
나에게 말을 걸며
시작해볼까요?

_____
_____
_____
_____
_____
_____
_____

_____
_____
_____
_____
_____
_____
_____

나와 또 다른 나 자신이
마주 앉아있다고 상상해보세요

자문자답.
스스로에게 묻고 답한다는 뜻입니다.

지금 당신이 앉아있는 자리 맞은편에
당신과 똑같은 모습의 자신이 앉아있고,
마치 친한 친구와 이야기를 나누듯
편안하게 대화를 하고 있다고 상상해보세요.

호기심 어린 눈빛으로
서로에게 다정하게 묻고 답하며
그 답들을 펜 끝으로 옮겨 종이에 적어보세요.

나 자신과 마주 앉아 이야기를 나눈다는 상상에 익숙해질수록
책 속 질문들에 대한 내 안의 살아있는 답들과 만날 수 있을 거예요.

Q. 나의 '오늘'은 어떤가요?

✍

_____ 년 _____ 월 _____ 일

빈 칸에 오늘 날짜를 적고,
잠시 그 날짜를 바라보세요.

Q. 당신에게는 이 '오늘'이 어떻게 느껴지나요?

✍

오, 잘했어요. 그럼 조금씩 더 질문해볼까요?

Q. 이 '오늘'을 살아가고 있는 나는 어떤 **모습**인가요?

✍

Q. 지금 이 순간, 나의 **마음**은 어떤가요?

✍

Q. 위의 내 모습, 내 마음이 말해주는 '지금 내가 **원하는 것**'은 무엇인가요?

✍

모든 걸음에는 첫걸음이 중요하다는데,
당신은 지금 아주 괜찮은 한 걸음을 내디뎠네요.

스스로에게 질문하고
내 안에 올라오는 답을 적는 경험을 해보니 어땠나요?

그럼 이제 나의 삶, 나의 1년에 대해서도
본격적으로 이야기를 나눠볼까요?

삶은 수많은 점과 선으로 이루어져 있어요

[지난 1년]

나의 올해는
어땠나요?

올해 어떤 일들이 있었나요?
그 일들을 통해 내가 얻은 것은 무엇인가요?
올해는 나에게 어떤 의미였나요?

_____
_____
_____
_____
_____
_____

_____
_____
_____
_____
_____

올해 나의 1년에 찍힌 점들을
'최대한 많이' 떠올리며 자유롭게 적어보세요.

Q. '올해'를 생각하면, **어떤 경험**들이 떠오르나요?

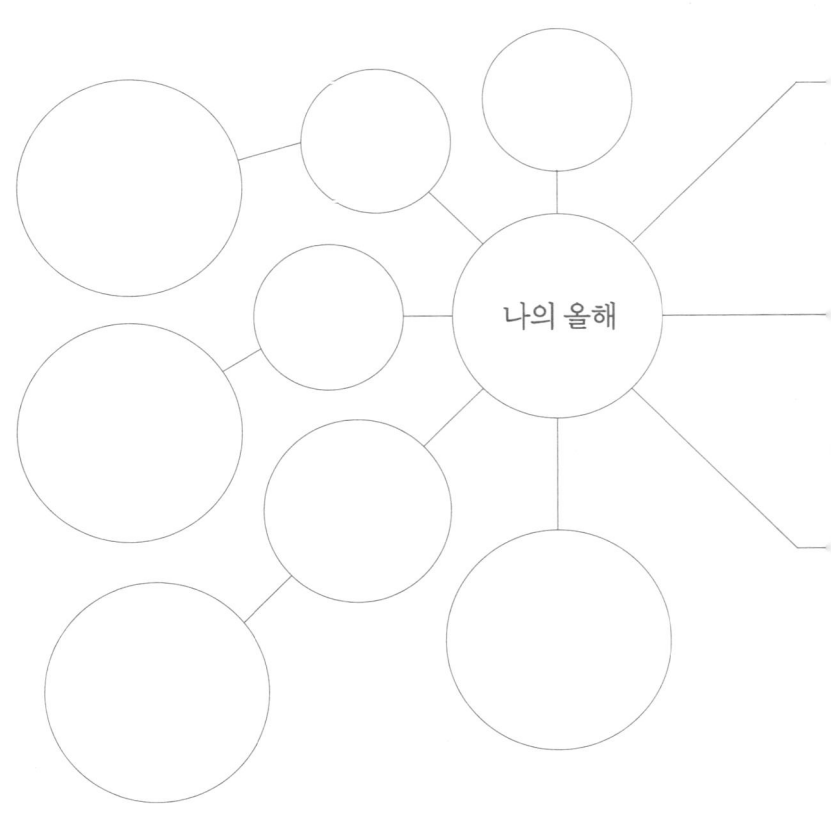

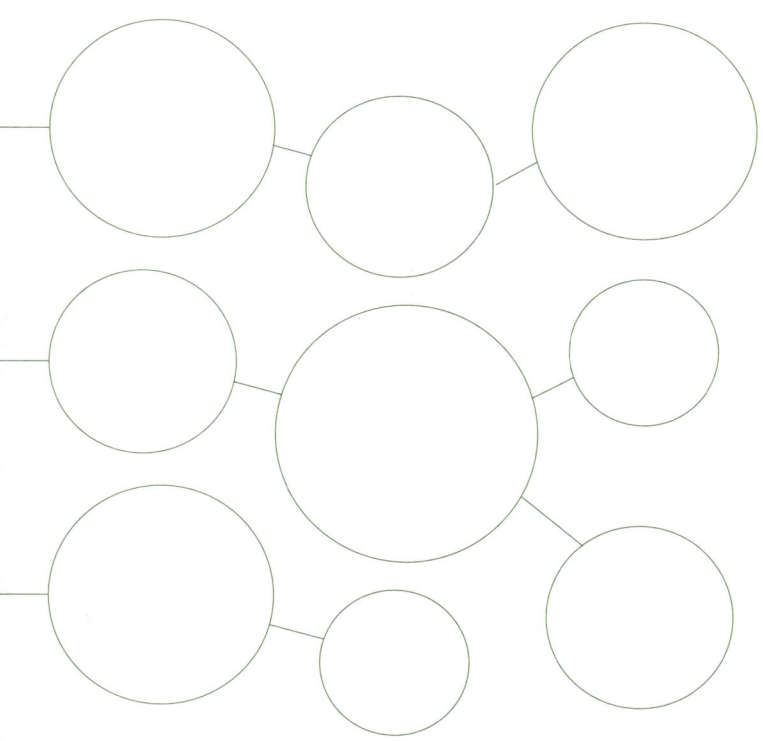

Coach's Tip	'가급적 최대한 많이' 기억을 되살려 적어보는 것이 포인트.
1	우선 최대한 '머리(기억)'에만 의존해서 다 적어보세요. (시간 순서 상관없이)
2	그다음에는 기억을 자극해줄 도구들을 활용해보세요. (다이어리, 사진첩, 일기장 등)

올해에 있었던 일들을 최대한 많이
기억하고 적어보는 일이
쉽지 않았을 거라고 생각합니다.
수고했어요.

다음으로 넘어가기 전에 하나만 더 짚어볼까요?

Q. '올해' 하면 떠오르는 것들을 다 적고 나니 어떤가요?

지난 1년을 돌아본 **소감**을 자유롭게 적어주세요.

지금까지는 '경험'에 대한 것들을 적어봤다면
그 경험들 속에서 느낀
나의 감정과 마음에 대해서도 돌아볼까요?

Q. '올해'를 생각하면, 떠오르는 **감정**은 무엇인가요?

나의 1년을 떠올리며 자연스럽게 떠오르는 감정들을 적어보세요.
내가 가장 자주 느낀 감정은 무엇이었나요? 떠오르는 대로 자유롭게 적어보세요.

> **Coach's Tip** 평소 내가 쓰는 나의 말과 단어로 감정을 표현해보는 것이 포인트.
> 1. 이 페이지에는 스스로 떠올려본 나의 감정 단어들을 적어보세요.
> 2. 그러고 나서, 다음 페이지에 있는 감정 단어표 속 단어들 중 추가로 체크해보세요.

Q. **올해**를 생각하면, 떠오르는 **감정**은 무엇인가요?

앞서 작성한 나의 감정 단어들 외에도 아래 감정 단어표를 살펴보고,
올해 나의 감정을 잘 표현해주는 단어들을 선택하여 체크해보세요.

가벼워요	기분 나빠요	마음이 급해요
가뿐해요	기분전환이 필요해요	마음이 가벼워요
가슴 아파요	기분 좋아요	마음이 무거워요
간절해요	기뻐요	막막해요
감격스러워요	긴장돼요	만족스러워요
감동적이에요	끔찍해요	명랑해요
감사해요	끝내줘요	무기력해요
걱정돼요	난처해요	뭉클해요
겁나요	날아갈 듯해요	뭔가 아닌 것 같아요
견디기 힘들어요	놀라워요	미련없어요
고독해요	눈물겨워요	반가워요
고마워요	느긋해요	밝아요
고무적이에요	다정해요	버거워요
고민스러워요	다행스러워요	버려진 것 같아요
고요해요	든든해요	부끄러워요
고통스러워요	답답해요	부담스러워요
골치 아파요	당당해요	부러워요
공허해요	두근두근해요	불쌍해요
괜찮아요	두려워요	불안해요
괴로워요	든든해요	불쾌해요
귀찮아요	들떴어요	불행해요
그리워요	따뜻해요	비참해요
그저 그래요	따분해요	뿌듯해요
기대고 싶어요	따사로워요	사랑스러워요
기대감이 들어요	떳떳해요	산뜻해요

살맛나요	억울해요	쾌적해요
상쾌해요	언짢아요	태연해요
상큼해요	엉망이에요	통쾌해요
서러워요	열망하고 있어요	편안해요
서운해요	열받아요	평온해요
소외감을 느껴요	외로워요	평화로워요
소중해요	우스워요	포근해요
속상해요	우울해요	포기하고 싶어요
수줍어요	울고 싶어요	피곤해요
숨 막혀요	위축되어요	피하고 싶어요
쉬고 싶어요	위태위태해요	한심해요
슬퍼요	유쾌해요	행복해요
시시해요	의기양양해요	허전해요
시원해요	의미없어요	허해요
신나요	자괴감이 들어요	호감이 가요
신선해요	자신만만해요	호기심이 들어요
실감나요	자유로워요	혼자인 거 같아요
실망스러워요	자책하고 있어요	홀가분해요
쑥스러워요	재미있어요	확신이 들어요
쓸쓸해요	절박해요	환상적이에요
씁쓸해요	적적해요	활기차요
아늑해요	조급해요	활발해요
아쉬워요	조심스러워요	황홀해요
아찔해요	좋아요	후련해요
안정감이 들어요	죄책감이 들어요	흐뭇해요
안타까워요	즐거워요	흥미로워요
안쓰러워요	지루해요	흥분되어요
애틋해요	지쳤어요	희망차요
어려워요	짜릿해요	힘들어요
어리둥절해요	초라해요	힘차요
어이없어요	초조해요	

나의 마음(감정)과
마주한다는 것이 어땠나요?
이어지는 질문들을 통해 정리해봅시다.

Q. 나의 올해를 표현해주는 **대표 감정**은 무엇인가요?

앞서 스스로 작성한 단어와 감정 단어표에서 체크한 단어들 중
대표적인 감정 단어를 몇 개로 간추려봅니다.

Q. 위와 같이 나의 올해를 감정 단어로 정리하고 나니 어떤가요?

그리고 올해 주로 느낀 감정들이 나 자신에게 말해주는 **메시지**는 무엇일까요?

꼭 무언가를 이뤄야만
'의미 있는 1년'이 되는 건 아닙니다

한 해가 지나고 나면 우리는 스스로에게 묻곤 합니다. '올해 한 게 뭐지?', '남은 게 뭘까?' 한 해를 돌아보며 해낸 것에 대한 셈이 뒤따릅니다. 하지만 무엇을 이룬 것에서만 의미를 찾을 수 있는 걸까요?

중요한 것은 한 해 동안 경험한 것들을 돌아본 후에 느끼는 '감정'입니다. 최선을 다해 많은 것을 성취한 사람이 느끼는 감정이 헛헛하고 허탈한 기분이라면 어떤가요. 반면에 딱히 큰 성과를 이룬 것 같지 않아 보이는 사람이 느끼는 감정이 뿌듯하고 든든한 기분이라면 어떤가요. 스스로 한 해를 돌아보며 자연스럽게 느껴지는 감정만큼 진실한 평가가 있을까요?

무언가를 이루지 않아도, 당신은 이미 소중한 사람입니다. 이를 바탕에 두고 자신의 삶을 바라봐야 합니다. 모든 일이 계획한 대로 이루어진다면 좋겠지만, 뜻대로 흘러가지 않는 것이 인생입니다. 예상 밖의 일들이 일어나는 삶 속에서 한 해를 무사히 살아냈다는 것만으로도 당신은 이미 꽤 괜찮은 사람입니다.

그럼에도 불구하고 한 해를 돌아보면, 분명 아쉽고 아픈 상처로 남은 일들이 있을 것입니다. 그럴 때는 자신에게 이렇게 말해주면 좋겠습니다.
"그럴 수도 있지 뭐."

그리고 크게 숨을 들이마시고 내쉬어보는 겁니다. 이미 지나간 일입니다. 그 일을 통해서 깨달은 것은 간직하고 부디 자신을 책망하지는 마세요. 반대로 성취한 것도 마찬가지입니다. 너무 오래 그 성공의 기쁨에 도취되지 마세요. 무엇을 얼마나 많이 해냈느냐보다는 살아가는 순간순간 살아있음을 온전히 느끼는 것이 더 중요합니다.

목표한 것을 이루지 못해 실의에 빠진 사람과 목표를 이루고 성공에 도취된 두 사람의 공통점은 무엇일까요? 바로 현재를 놓치는 삶을 산다는 것입니다. 목표만을 맹목적으로 좇는 사람은 목표를 이루기까지 과정의 소중함을 놓치고 맙니다. 잊지 마세요. 중요한 것은 지금 바로 이 순간입니다.

▷ 당신은 올해 얼마나 자주 웃었나요?
▷ 당신은 올해 하늘을 바라볼 수 있는 여유가 얼마나 있었나요?
▷ 당신은 올해 얼마나 자주 자연의 향기를 깊게 음미했나요?
▷ 당신은 올해 얼마나 자주 좋아하는 음악에 기대어 흥얼거렸나요?
▷ 당신은 올해 얼마나 자주 사랑하는 사람들 속에서 사랑하고 사랑받았나요?
▷ 당신은 올해 얼마나 자주 살아있다고 느꼈나요?

올해 내가 경험한 일들,
그 경험 속에서 느꼈던 감정들을 나누며
'나의 올해'를 크게 살펴보았어요.

이제 구체적인 질문들과 함께
지난 1년을 마주해보려고 합니다.

당신의 올해를 조금 더 자세히 기억해볼 수 있는 추가 질문을 준비했습니다.

- 먼저, 추가 질문들 중 마음에 끌리는 질문들이 있는지 천천히 살펴보세요.

- 책에 있는 추가 질문 말고도, 스스로에게 묻고 싶은 질문들이 있다면, 질문을 직접 적고 답해도 좋습니다. (추가 질문 뒤에 여백 페이지가 있습니다.)

- 어떤 질문에 대한 답은 글이 길어질 수도 있고, 어떤 질문에 대한 답은 짧은 문장이나 단어 정도만 떠오를 수도 있어요. 답의 분량은 중요하지 않아요. 지난 1년을 찬찬히 돌아보며 정리해본다는 것만으로 충분합니다.

- 추가 질문에 꼭 답할 필요는 없습니다. 나의 1년을 충분히 돌아봤다는 생각이 든다면 65쪽으로 이동해도 좋습니다.

Q. 올해의 처음을 떠올려봅시다. 1월 1일,
나는 어디에서 무엇을 하며 올해를 맞이했었나요? 어떤 마음이었나요?

Q. 연초에 나는 어떤 계획을 세웠었나요? 올해를 어떻게 보내고 싶었나요?

Q. 올해 나의 평균적인 하루 일과는 어떤 모습이었나요?

Q. 올해 내가 가장 많은 시간을 투자한 것은 무엇이었나요? 그 결과는 어땠나요?

Q. 올해 내가 정성을 다한 것(일)은 무엇이었나요?

Q. 올해 내가 버릇처럼 자주 했던 말은 무엇인가요? 그 말을 할 때 나의 마음은 어땠나요? 그 말은 나 자신에게 어떤 영향을 미쳤나요?

Q. 올해 내가 타인으로부터 가장 부러움을 받았던 일(순간)은 무엇인가요?

Q. 올해 내가 미처 예상하지 못했던 삶의 고난(어려움)은 무엇이었나요?
그 경험이 내 삶에 미친 영향은 무엇인가요?

Q. 올해 내게 있었던 기회는 무엇이었나요?
나는 그 기회를 어떤 태도로 받아들였나요?

Q. 올해 내가 사랑한 것은 무엇인가요?

✍

Q. 올해 '내가 사랑받고 있구나'라고 느꼈던 순간은 언제였나요?
누구로부터 어떻게 사랑받았나요?

✍

Q. 올해 갔던 여행 중 가장 기억에 남는 여행이 있나요?
그 여행은 나에게 무엇을 남겼나요?

✍

Q. 올해 먹었던 음식 중 가장 맛있었던 음식은 무엇이었나요?

Q. 올해 누군가와 함께해서 좋았던 순간은 언제였나요?
   누구와 함께였나요? 무엇이 좋았나요?

Q. 올 한 해 간절히 바랐던 것은 무엇인가요? 그 결과는 어땠나요?

Q. 올해 가장 신나게 놀았던 기억은 언제인가요?

Q. 올해 미루고 또 미룬 것은 무엇인가요? 결국 나에게 어떤 영향을 주었나요?

Q. 올해 열심히 노력했지만 결과가 아쉬웠던 일이 있나요?

Q. 올해 벌어진 일들 중 예상치 못한 반가운 선물 같은 (감사한) 일(순간)은 무엇이었나요?

Q. 올해 가장 자주 생각한 것은 무엇인가요?

Q. 올해 내가 새롭게 갖게 된 것은 무엇인가요?
반대로 갖지 못한 것은 무엇인가요?

Q. 올해 소비(쇼핑)한 것 중 가장 마음에 드는 아이템은 무엇인가요?

Q. 올해 발견한 나의 매력(장점)은 무엇인가요?

Q. 올해 가장 자주 들은 음악은 어떤 곡인가요?

Q. 올해 내가 정말 재밌게 본 영화, 드라마, 책은 무엇인가요?

Q. 올해 내가 경험한 것들 중 정말 좋았던 경험은 무엇인가요?

Q. 올해 내가 한 일 중 (내가 생각해도 진짜) 가장 잘 한 일은 무엇이라 생각하나요?

Q. 올해 내가 가장 자주 애용한 아이템은 무엇인가요?

Q. 올해 꼭 해보고 싶었는데, 하지 못한 것은 무엇인가요?

Q. 올해를 지내면서 가장 큰 힘이 되어준 것은 무엇이었나요?

Q. 올해 겪은 일 중 가장 힘들었던 일은 무엇인가요?

Q. 올해 방문한 곳 중 가장 기억에 남는 장소가 있나요? 그 이유는 무엇인가요?

Q. 올해 한 행동 중 가장 나답지 않은 행동은 무엇이었나요?
그렇게 행동하고 나니 어떤 기분이 들었나요?

Q. 올해 나의 취미는 무엇이었나요?

Q. 올해 내가 가장 진실했던 순간(행동, 경험)은 언제였나요?

Q. 올해 내가 발견한 '내가 잘하는 것(재능)'에는 무엇이 있었나요?

Q. 올해 내가 가장 몰입(집중)했던 순간은 언제였나요? 무엇에 대해서였나요?

Q. 올해 내가 가졌던 걱정에는 무엇이 있나요? 실제 그 걱정은 어떻게 됐나요?

Q. 올해 내가 결정한 것에는 무엇이 있었나요?
그중 가장 마음에 드는 결정은 무엇이었나요?

Q. 올해 새롭게 배운 것에는 무엇이 있었나요?

✍

Q. 올해 내가 가장 많이 웃었던 순간은 언제인가요?

✍

Q. 올해 나를 가장 많이 미소 짓게 만든 사람은 누구인가요?

✍

Q. 올해 나와 가장 가까이 지낸 사람 10명을 꼽는다면, 누구인가요?
그중 가장 자주 연락한 사람은 누구였나요?

Q. 올해 나와 가장 관계가 깊어진 사람은 누구인가요?

Q. 올해 내가 만난 사람들 중에서 가장 인상 깊었던 사람은 누구인가요?

Q. 올해 내게 가장 큰 영향을 준 사람은 누구였나요?
그 사람의 어떤 점이 나에게 어떤 영향을 미쳤나요?

Q. 올해 나의 진정한 친구는 누구였나요?
올해 그 친구와 기억에 남는 추억이 있나요?

Q. 올해 내가 누군가로부터 들었던 말 중 가장 기억에 남은 말은 무엇인가요?

Q. 올해 내가 받은 메시지(카카오톡, 문자 등) 중
가장 반가웠던 메시지는 무엇이었나요?

Q. 올해 내가 조금 더 가까이 다가가고 싶었지만,
마음처럼 되지 않은 사람은 누구였나요?

Q. 올해 생각지 못한 사랑(관심)을 내게 준 사람은 누구였나요?

Q. 올해 나의 인간관계를 전반적으로 평가한다면 뭐라고 말할 수 있을까요?

Q. 올해 가장 소중한 사람(가족, 연인)과의 관계는 어땠나요?
한 단어로 표현한다면 무엇인가요? 그 이유는 무엇이지요?

Q. 올해가 지나도 오래도록 기억하고 싶은 소중한 사람과의 추억이 있나요?

Q. 올해 내가 가장 자주 먹은 것은 무엇이었나요? 올해 나의 식습관은 어땠나요?

☞

Q. 올해 나는 어떤 운동을 했나요?

☞

Q. 올해 나의 씀씀이는 어떠했나요? 번 돈과 쓴 돈의 흐름은 어땠나요?
이에 대해 얼마나 만족하나요?

☞

Q. 올해 내가 하는 일(직업)과 관련하여 어떤 경험들이 있었나요?
그 중 3가지를 적어보세요. 그 경험에 대해 어떻게 생각하나요?

Q. 올해 내가 한 것 중 가장 큰 성취는 무엇인가요? (세상의 기준으로 & 내 개인 기준으로) 그것을 이룰 수 있게 한 나만의 장점(강점)은 무엇인가요?

Q. 올해 내가 새롭게 시도한 것은 무엇이었나요? 그 시도는 어땠나요?
그 시도를 통해 배운 것이 있다면 무엇인가요?

Q. 올해 내게 가장 큰 힘(에너지, 활력)을 준 것은 무엇이었나요?

Q. 올해 오롯이 나 자신만을 위해 선택한 것은 무엇인가요?

Q. 나 자신을 돌보는 시간을 얼마나 자주 가졌나요?

Q. 나의 올해를 (그럼에도 불구하고) 잘 보낼 수 있게 해 준
힘(에너지)은 무엇이었나요?

Q. 올해를 보내고 나니 참 감사하다 싶은 것은 무엇인가요?

Q. 올해 나는 나를 얼마나 좋아해주었다고 생각하나요?

Q. 올해 나를 만난 사람들은 나의 어떤 모습을 기억할까요?
　　어떤 사람이라 생각했을까요?

Q. 기억해두고 싶은 올해 나만의 명장면은 무엇인가요?
　　손 그림으로 표현하거나 사진을 붙여도 좋아요.

Q.

Q.

Q.

Q.

Q.

Q.

Q.

Q.

Q.

Q.

Q.

Q.

1년을 돌아보며
나의 주변도 함께 정리해보세요

내가 자주 이동하는 동선, 자주 만지는 물건, 머무는 곳은 지금 나의 삶을 가장 잘 보여줍니다. 지금 어떻게 사는지 모르겠다면, 당신이 머무는 곳을 둘러보세요. 주변에 무엇이 있나요? 어떻게 배치되어 있나요? 그 물건, 공간이 당신에 대해 말해주는 것은 무엇인가요?

새로운 한 해를 맞이하기 전, 물건과 공간을 정리해봅시다. 내게 꼭 필요한 것만 남기고, 동선에 맞추어 다시 물건들을 배치해봅시다. 뭔가 새롭게 시작해보고 싶은 공간으로 꾸며보세요. 당신답지 않은 물건들이 가득 쌓여 있는 공간에서는 좋은 에너지를 받을 수 없답니다.

◆ 지난 1년 동안 나의 공간 구석구석에 쌓인 먼지들부터 털어내주세요.
◆ 나에게 필요 없는 물건이 누군가에겐 필요한 것인지도 모릅니다.
  유용하게 쓸 사람이 생각났다면 선물해보면 어떨까요?
◆ 휴대전화 속 연락처 목록을 살펴보며 더 이상 연락하지 않거나
  누군지도 기억나지 않는 연락처를 삭제해보세요.
◆ 더 이상 활동하지 않는 웹사이트들도 탈퇴해보세요.

나의 1년을
질문에 답을 채워가며
천천히 되돌아보니 어떤가요?

이제 그 답들을 바탕으로
지나온 1년을 한눈에 알아볼 수 있게
인생 그래드로 정리해봅시다.

나의 1년 '인생 그래프'를 그려볼까요?

지난 1년을 한 장의 인생 그래프로 정리해보면
열두 달 동안의 나의 인생을 한눈에 살펴볼 수 있습니다.

1. 20쪽부터 63쪽까지 나의 1년에 대한 기록들을 읽어봅니다.

2. 그리고 66쪽의 인생그래프 페이지를 펼쳐 각 월마다 주요 경험(점)들을 기록합니다. (가로축은 시간을 의미하고, 세로축은 그 경험에 대한 만족도를 뜻합니다.)

3. 점들을 다 찍고 난 후에는 68쪽을 펼쳐서 안내 질문에 따라 답을 적습니다. (같은 사건에 대하여 양가의 감정을 느끼게 될 때도 있습니다. 지금은 만족스럽지만 당시에는 불만족스러웠었다면, 당시의 점수로 기록합니다.)

인생 그래프를 기록하는 당신에게 들려주고 싶은 이야기

Q. 올해 나의 인생 그래프를 그려봅시다.
각 월마다의 대표적인 경험과 당시 내 삶의 만족 정도를 표시해보세요.

(『오늘, 진짜 내 마음을 만났습니다』 198쪽부터 206쪽 참고)

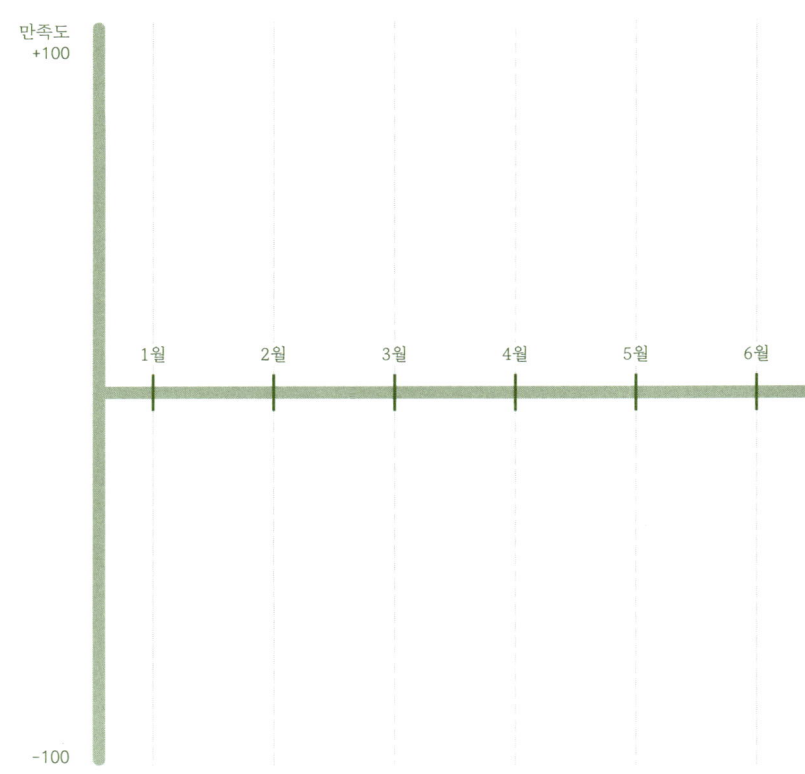

7월　　8월　　9월　　10월　　11월　　12월

Q. 나는 **지난 1년에 대해 얼마나 만족**(주관적으로)하나요?

올해에 대한 전반적인 나의 만족감을 표현해주세요.

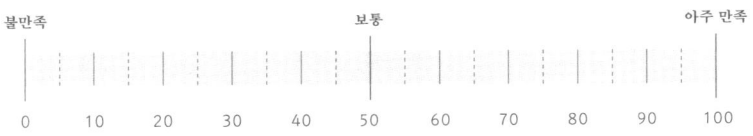

Q. 위의 점수를 준 이유는 무엇인가요?

지난 1년을 통해 나는 무엇을 배웠나요?

Q. 만족스러웠던 순간(+)들과 그렇지 않았던 순간들(-)의 특징은 무엇인가요?
그 특징이 나란 사람에 대해 어떤 점을 설명해주나요?

Q. 1년 동안 이 점들이 모여 **지금의 어떤 나**를 만들었나요?
이 점들은 지금의 나를 어떻게 설명해주고 있나요?

Q. 나의 올해를 **2~3개의 단어로** 표현해본다면 어떤 말들이 떠오르나요?

(예) 나의 올해는 _____였다. 그렇게 표현한 이유는 _____이다.
영화 제목, 신문 기사의 헤드라인처럼 짧게 써도 좋아요.

Q. 내가 '올해'라는 시간(수업)을 통해 배운 **인생의 교훈**은 무엇인가요?

(예) 나는 올해를 통해 _____를 배웠다.

Q. 올해라는 시간을 통해 **나에 대해 새롭게 알게 된 것**은 무엇인가요?

(예) 내가 올해 알게 된 나는 _____한 사람이라는 것이다.

Q. 올해는 나의 전체 인생에 있어 **어떤 의미**로 남게 될까요?
(부정적이든 긍정적이든) 어떤 방점을 찍게 되었을까요?

Q. 소중한 사람에게 편지를 쓰듯 올 한 해 수고한 **나 자신에게 편지**를 써 보면 어때요?

올해도 잘 살아낸 _____에게

Q. 1년을 보낸 나 자신의 지금 모습은 어떤가요?

'올해의 나'를 가장 **나답고 멋진 사진**으로 남겨보세요.

 내년을 그리는 당신에게 들려주고 싶은 이야기

[다가올 1년]

나의 내년은
어떤 모습이기를
바라나요?

내년에 어떤 일들이 있기를 바라나요?
나는 어떤 삶을 살기를 바라나요?
그러기 위해 어떤 행동을 하면 좋을까요?

___
___
___
___
___
___
___

___
___
___
___
___
___
___

'내년'하면 떠오르는 하고 싶은 일들을
'최대한 많이' 떠올리며 자유롭게 적어보세요.

Q. 나의 '내년'을 생각할 때, 어떤 경험들로 채워져 있길 바라나요?

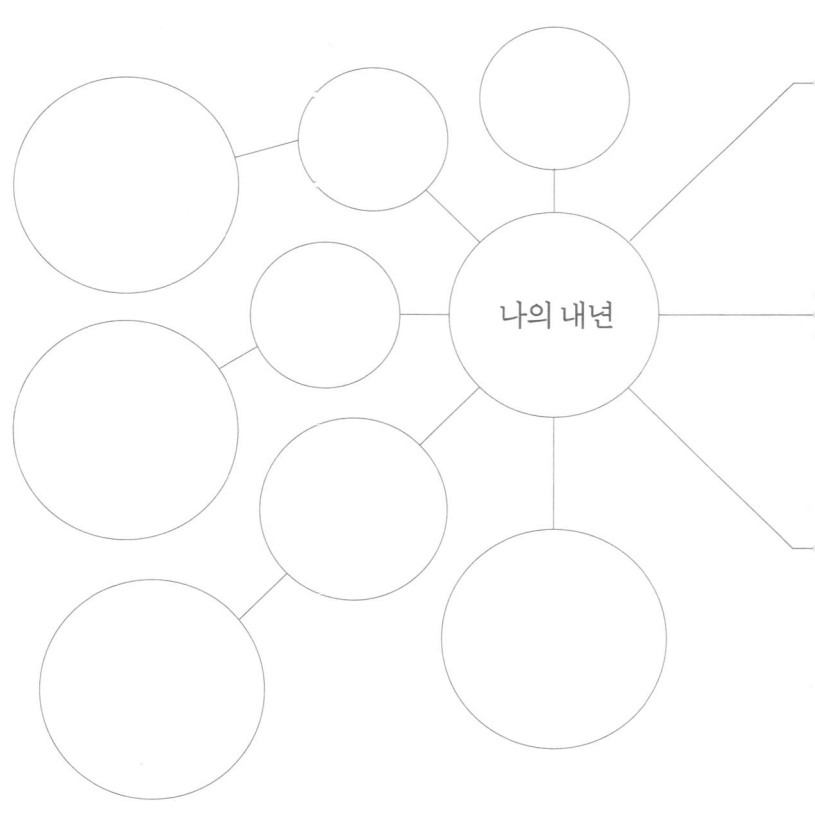

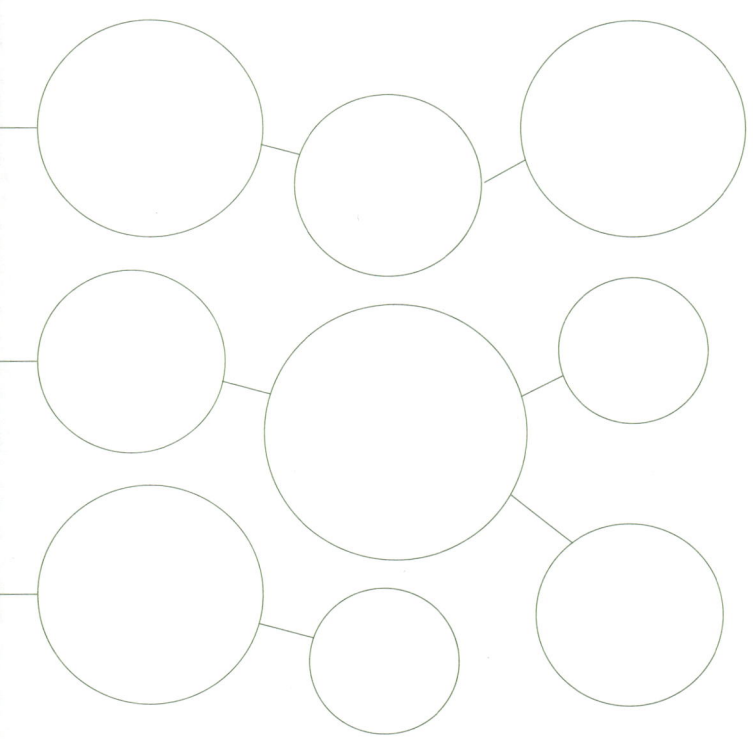

Coach's Tip **내년을 그릴 때 중요한 것은 미리 '제약'하지 않는 거예요.**
'에이, 내 인생에 설마', '이런 일이 벌어질 리 없지' 같은 부정적인 마음은 잠시 내려놓고
내년에 하고 싶은 일, 원하는 것을 마음껏! 최대한 많이! 적어보세요.

당신의 내년에 대해 조금 더 그려볼 수 있게 돕는 질문들이에요.
마음에 끌리는 질문을 고르고, 그에 대한 답을 적어보세요.

Q. 늘 '해야지'라고 말만 하고 미뤘던 일들 중
새해에 꼭 하고 싶은 것은 무엇인가요?

Q. 새해에도 나다움을 잊지 않기 위해서 노력할 것은 무엇일까요?

Q. 늘 그랬든 새해에도 함께 하고 싶은 소중한 사람들은 누구인가요?
그들 중 내가 조금 더 신경 써야 할 사람은 누구인가요? 이유는 무엇인가요?

Q. 새해, 나에게 가장 필요한 변화는 무엇인가요?

Q. 새해를 맞이해 조금 더 가까워지고 싶은 사람이 있나요?
그 이유는 무엇인가요?

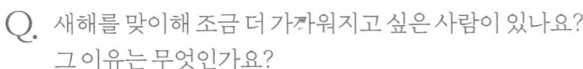

Q. 올해 깨달은 인생 교훈을 새로운 새해에 적용한다면,
어떻게 적용해보고 싶은가요?(70쪽 참고)

Q. 다가오는 새해의 첫날, 어디에서 어떤 모습으로 맞이하고 싶나요?

Q. 다른 건 몰라도 내년에 이것만은 꼭 성취했다고(이뤘다고)
말하고 싶은 것 한 가지는 무엇인가요?

Q. 하고 싶은 일을 하려면 무엇보다 건강해야 합니다.
새해, 내 몸의 건강을 위해서 하려는 것은 무엇인가요?

Q. 살면서 한 번도 경험해보지 않은 것 중,
새해에 한 번 도전(경험)해보고 싶은 것은 무엇인가요?

'저건 나답지 않아. 나는 저런 거 관심 없어'라고 여겼던 엉뚱한 경험도 좋아요.

Q. 새해에는 나 자신을 위해서 이것만은 꼭 지켜야지,
이것만은 멀리해야지 하는 것은 무엇인가요?

새해, 꼭 지켜야 할 것:

새해, 반드시 멀리해야 할 것:

삶에서
가장 중요한 것은 바로 방향입니다.

내가 하고 싶은 경험들은
삶 속에서 작은 점들로 연결되어
내가 살고 싶은 삶의 방향으로 이어집니다.

당신의 점들은 어디를 향해 있나요?

미래를 향한 질문들은
지금 서 있는 이 자리에서 내가 어느 방향으로
나가야 하는지 알 수 있도록 돕습니다.

내가 살아가고 싶은 삶의 방향에 대해 생각해본 적 있나요?

Q. 내가 평소 가장 **나답다**고 느낄 때는 언제인가요?

Q. 내가 살아가는 동안 **가장 이루고 싶은 것**은 무엇인가요?

Q. 나는 나의 사람들에게 **어떤 사람으로 기억**되고 싶나요?

Q. **삶의 마지막 날**, 내 삶은 어떠했노라 이야기하고 싶나요?
(어떤 죽음을 그리나요?)

Q. **내 삶에서 가장 중요한 3가지**를 키워드로 표현해본다면 무엇이 될까요?

모든 삶에는 끝이 있습니다.
내 삶이 유한하다는 것을 기억한다면
특히, 새해를 계획할 때 어떻게 달라질까요?

Q. 내가 살고 싶은 삶의 방향에 대한 자문자답을 통해
새롭게 깨닫게 된 것은 무엇인가요?
나는 **어떤 사람**이기를 원하며, **어떤 삶**을 꿈꾸나요?

다음 질문에 답하기 전에 76쪽에서 87쪽을 다시 되돌아가 읽어봅시다.

'나의 내년'을 내가 원하는 삶의 방향과 연결해볼까요?

Q. 지금 나는 **내년 12월 31일**을 살고 있습니다.
   어떤 모습으로 어떤 삶(일상)을 살고 있을까요?

✍

작성한 후에는 잠시 시간을 가지고 충분히 상상해보세요.
2~3분 정도 멈춰 원하는 것을 모두 이룬 자신의 모습을 생생하게 그려보세요. 가능하면 구체적으로요.

Q. 한 해를 돌아보며 **어떤 해**였다고 말하고 싶나요?

✍

Q. 내년 12월 31일, **내가 정말 살고 싶은 삶을 잘 표현해주는 이미지**가 있다면 붙여볼까요?

그 삶을 살아가는 나의 모습을 생생하게 그려볼 수 있도록 도와줄 거예요.

Q. 내년을 꿈꾸고 있는 **나에게 가장 필요한 말**은 무엇인가요?

나에게 들려주고 싶은 말을 글로 적어 남겨주세요.

내년을 살아갈 _____에게

한 페이지로 정리하는 나의 1년 계획

GOALS
Q. 나는 어떤 내년을 보내고 싶나요?

NOTES

TO DO

Q. 그러기 위해서는 무엇을 실천으로 옮겨야 하죠?

새로운 1년을 보낼 나 자신에게 하는 약속

나 _____ 는 _____ 한 삶을 살기를 원합니다.
(86쪽에서 작성한 인생 키워드 넣어서.)

그 중 특히 내년 _____ 년에는
_____ 한 삶을 살기를 원합니다.
(78쪽부터 87쪽 자문자답 참고.)

그런 내년이 되기 위해 내가 행동으로 옮길 것은
_____ 입니다.
(78쪽부터 87쪽 자문자답 참고.)

내가 살고 싶은 내년(_____ 년)을 기억하게 도울 나의 문장은
_____ 입니다.

끝으로 나는 매달 _____ 일마다 이 페이지를 펼치고,
나의 한 달을 스스로 돌아보는 시간을 갖겠습니다.

작성일: 년   월   일

◆ 한 달에 한 번 〈부록 Monthly Check 나의 한 달〉 페이지를 열어
  나의 내년 계획을 점검하는 시간을 가질 수 있습니다.

아무것도 하지 않는 시간은 반드시 필요해요

새로운 무언가를 시작하려면, 그만큼의 에너지가 있어야 합니다. 당신은 올해를 살아내느라 적지 않은 에너지를 소모한 상태예요. 아마 지금 그런 당신에게 올해는 어땠느냐, 내년엔 어땠으면 하느냐는 질문은 정말 무의미할지 몰라요.

올해고 내년이고 뭐고 다 때려치우고 아무것도 안 하고 쉬고 싶다는 마음이 든다면, 그 마음에 충실히 따라주세요. 아무것도 안 하는 시간을 충분히 가지고 나야 이제 뭘 좀 해 볼까 하는 힘이 날 테니까요. 무언가 생각하기에 앞서 일단 충분한 휴식을 가질 수 있길 바랍니다. 홀로 가만히 아무것도 하지 않는 시간을 충분히 가지시길.

◆ 하루만이라도 SNS에서 멀어져 봅니다.
◆ 아무 생각 없이 푹 자고 휴식하는 시간을 갖습니다.
◆ 위장이 쉴 수 있도록 건강한 하루 단식 혹은 저녁 단식의 날을 갖습니다.
◆ 주변을 산책하고 편안한 의자에 앉아 멍 때리는 시간을 갖습니다.

에필로그:
단 한 번이라도 멈추어 자신의 삶을 알아가기를

"그해가 그해지 뭐."
"사는 게 바쁜 데 언제 한 해를 돌아보냐? 그런 건 사치야."
"어차피 새해 계획 세워봤자 안 지키는 데 뭘 세워. 그냥 살지 뭐."

우리에게는 이미 새해 계획을 세우고, 지키지 못한 경험이 많습니다. 하지만 그렇다고 해서 한 해를 돌아보고, 새해를 그리는 일이 무의미한 것은 아닙니다. 내가 어디로 가고 있는지 알고 살아가는 것과 그저 흘러가는 대로 살아가는 것에는 큰 차이가 있습니다. 나 자신이 현재 어떤 삶을 살고 있는지, 앞으로 어떤 삶을 살기를 원하는지를 적어도 1년에 한 번은 살펴보아야 합니다.

이러한 작업은 스스로를 조금 더 이해하는 데 도움이 됩니다. 자신이 보내온 1년의 기록과 계획한 1년의 모습에는 나란 사람이 어떤 사람인지 드러납니다. 나란 사람은 어떤 열망이 있고, 어떤 삶을 살고자 하는지 자연스럽게 알게 됩니다.

우리의 삶은 자신을 있는 그대로 얼마나 잘 이해하고 있는지에 따라 달라집니다. 나란 사람이 어떤 사람인지, 어떻게 살아야 하는지 고민만 하며 혼란스러워하는 것보다 먼저 내가 보낸 1년을 돌아보며 나 자신과 만나보는 건 어떨까요? 자신다운 삶을 향해 한 걸음씩 나아가고 싶다면, 살아온 삶을 되돌아보는 과정은 반드시 필요합니다.

어쩌면 당신은 이렇게 새해를 그려봤다는 것조차 잊을 만큼 바쁜 일상을 보내게 될지도 모릅니다. 하지만 괜찮습니다. 그렇게 열심히 살다가 가끔 생각날 때 당신이 마음을 다해 남긴 이 기록들을 천천히 읽어보세요. 이 책에 기록한 내년 계획에서 벗어난 일상을 살아간다고 해도 자책하지 않았으면 좋겠습니다. 어제는 지나갔고, 내일은 아직 오지 않았습니다. 지나간 것에 대한 후회에 사로잡히지 말고, 그저 눈앞에 놓인 오늘에 집중합시다.

우리는 매일 다시 시작할 수 있습니다. 자문자답을 통해 기록해둔 나의 계획을 현실에 조금씩 가져오려는 노력을 하는 것만으로도 당신의 삶은 변화하기 시작했으니까요.

[부록]

Monthly Check
나의 한 달

한 달에 한 번,
새해 약속을 점검하는 시간을 가져봅시다.
달력에 표시를 해두어도 좋고,
휴대전화 알람을 맞춰도 좋습니다.
내가 꿈꾸는 1년에 얼마나 가까워졌는지
살펴보는 시간을 가져보세요.

작성일:　　년　　월　　일

1. 나의 한 달은 어땠나요?

가장 인상적이었던 경험을 3가지 이상 적어봅시다.
지난 한 달을 보내며 새롭게 알게 된 것이나 깨닫게 된 것은 무엇인가요?

2. 지난 한 달은 내가 살아보기로 한 방향과 얼마나 일치하나요?

책의 94쪽으로 돌아가 〈새로운 1년을 보낼 나 자신에게 하는 약속〉 페이지에 쓴 글을 읽어봅시다.

3. 다가올 다음 한 달은 어떻게 살아보고 싶나요?

NOTE

작성일:　　　년　　　월　　　일

1. 나의 한 달은 어땠나요?

2. 지난 한 달은 내가 살아보기로 한 방향과 얼마나 일치하나요?

3. 다가올 다음 한 달은 어떻게 살아보고 싶나요?

NOTE

작성일:　　　년　　　월　　　일

1. 나의 한 달은 어땠나요?

2. 지난 한 달은 내가 살아보기로 한 방향과 얼마나 일치하나요?

3. 다가올 다음 한 달은 어떻게 살아보고 싶나요?

NOTE

작성일:　　　년　　　월　　　일

1. 나의 한 달은 어땠나요?

2. 지난 한 달은 내가 살아보기르 한 방향과 얼마나 일치하나요?

3. 다가올 다음 한 달은 어떻게 살아보고 싶나요?

NOTE

작성일:　　년　　월　　일

1. 나의 한 달은 어땠나요?

2. 지난 한 달은 내가 살아보기로 한 방향과 얼마나 일치하나요?

3. 다가올 다음 한 달은 어떻게 살아보고 싶나요?

NOTE

작성일:　　년　　월　　일

---

1. 나의 한 달은 어땠나요?

---

2. 지난 한 달은 내가 살아보기로 한 방향과 얼마나 일치하나요?

---

3. 다가올 다음 한 달은 어떻게 살아보고 싶나요?

NOTE

나의 반년(50% 점검)   작성일: 년   월   일

1. 1년 중간 점검을 해봅시다. 나의 지난 '상반기'는 어땠나요?

2. 그 모습은 내가 연초에 바라던 삶의 모습에 얼마나 가까운가요?

3. 그렇다면, 남은 '하반기'는 어떻게 보내면 조금 더 내가 원했던 올해의 모습에 가까워질 수 있을까요?

작성일:　　년　　월　　일

1. 나의 한 달은 어땠나요?

2. 지난 한 달은 내가 살아보기로 한 방향과 얼마나 일치하나요?

3. 다가올 다음 한 달은 어떻게 살아보고 싶나요?

NOTE

작성일:　　　년　　　월　　　일

1. 나의 한 달은 어땠나요?

2. 지난 한 달은 내가 살아보기로 한 방향과 얼마나 일치하나요?

3. 다가올 다음 한 달은 어떻게 살아보고 싶나요?

NOTE

작성일:　　년　　월　　일

1. 나의 한 달은 어땠나요?

2. 지난 한 달은 내가 살아보기로 한 방향과 얼마나 일치하나요?

3. 다가올 다음 한 달은 어떻게 살아보고 싶나요?

NOTE

작성일:　　년　　월　　일

1. 나의 한 달은 어땠나요?

2. 지난 한 달은 내가 살아보기르 한 방향과 얼마나 일치하나요?

3. 다가올 다음 한 달은 어떻게 살아보고 싶나요?

NOTE

작성일:　　년　　월　　일

1. 나의 한 달은 어땠나요?

2. 지난 한 달은 내가 살아보기로 한 방향과 얼마나 일치하나요?

3. 다가올 다음 한 달은 어떻게 살아보고 싶나요?

NOTE

작성일:　　　년　　　월　　　일

1. 나의 한 달은 어땠나요?

2. 지난 한 달은 내가 살아보기르 한 방향과 얼마나 일치하나요?

3. 다가올 다음 한 달은 어떻게 살아보고 싶나요?

NOTE

올 한 해, 당신이 보낸 모든 순간에 따뜻한 축복을 보냅니다.
내년에도 『자문자답 나의 1년』과 함께 한 해를 돌아볼 수 있기를 바라며.

NOTE

지은이 홍성향

라이프 코치Life Coach. 이 유한한 삶을 어떻게 하면 잘 살 수 있을까에 관심을 갖고 있습니다. 모든 사람을 '예술가'로 생각하며, 개인의 삶을 보다 그 사람답게 살아갈 수 있도록 돕는 사람이 되려 합니다. 이에 코칭, 영성, 분석심리학, 표현예술기법 등을 연구하며, 대중들에게는 셀프 코칭에 대한 강연을 하며, 전문 코치를 양성하는 일에 힘쓰고 있습니다. 2010년부터 삶을 보다 자신답게 살고자 하는 이들을 위해 『자문자답 나의 1년』의 내용으로 구성된 1년 그룹 코칭 프로그램을, 2013년부터 KT&G 상상마당 아카데미 홍대에서 자기 자신과의 대화를 잘 할 수 있게 돕는 '낯선 나에게 말 걸기, 크리에이티브 코칭'을 진행했습니다. 출간한 책과 문구로는 『오늘, 진짜 내 마음을 만났습니다』(2017)와 〈자문자답 다이어리: I, II−자존감〉, 〈한 줄 질문, 3년의 기록〉(2017−2018)이 있습니다.

자문자답 나의 1년

초판 1쇄 인쇄 2025년 10월 25일
초판 1쇄 발행 2025년 11월 15일

지은이 홍성향
펴낸이 김종길 **펴낸 곳** 글담출판사 **브랜드** 인디고

기획편집 이경숙·김보라 **영업홍보** 김지수
디자인 손소정 **관리** 이현정

출판등록 1998년 12월 30일 제2013-000314호
주소 (04029) 서울시 마포구 월드컵로8길 41 (서교동 483-9)
전화 (02) 998-7030 **팩스** (02) 998-7924
블로그 blog.naver.com/geuldam4u **이메일** to_geuldam@geuldam.com

ISBN 979-11-5935-153-2 (02810)

값은 뒤표지에 있습니다.
반품 및 교환은 구입처에서 가능합니다.

만든 사람들
책임편집 이은지

> 글담출판에서는 참신한 발상, 따뜻한 시선을 가진 원고를 기다리고 있습니다.
> 원고는 글담출판 블로그와 이메일을 이용해 보내주세요. 여러분의 소중한 경험과 지식을 나누세요.